NOTICE
NÉCROLOGIQUE

SUR

LE DOCTEUR LASSIS

MEMBRE DE L'ACADÉMIE ROYALE DE MÉDECINE DE PARIS, ANCIEN MÉDECIN EN
CHEF DE DIVERS HÔPITAUX, etc., etc.

PAR ALEXANDRE CHARGÉ

Docteur en Médecine de la Faculté de Paris, membre du Conseil de Salubrité du département des Bouches-du-Rhône, membre de la Société royale de Médecine de Marseille, membre correspondant de la Société royale de Medecine, Chirurgie et Pharmacie de Toulouse, de la Société des Sciences, Belles-Lettres et Arts du département du Var, séant à Toulon.

PARIS

IMPRIMERIE DE ÉDOUARD BLOT

(Ancienne maison Dondey-Dupré)

RUE SAINT-LOUIS, **46**, AU MARAIS

1859

NOTICE

NÉCROLOGIQUE

SUR

LE DOCTEUR LASSIS

LUE A LA SÉANCE PUBLIQUE DE LA SOCIÉTÉ ROYALE DE MÉDECINE
DE MARSEILLE, LE 7 FÉVRIER 1836

————

MESSIEURS,

L'épidémie qui trop longtemps a désolé notre malheureuse cité, donne cette année à notre réunion une so-
lennité mêlée de deuil : c'est que, parmi nous, il est un
vide bien grand ! Les médecins ont, cette fois, payé leur
tribut dans une cruelle proportion. Chacune des victimes était digne de notre affection, et a excité vivement
nos regrets ; pourquoi faut-il encore que la Société
Royale de Médecine, en particulier, ait à déplorer la
perte d'un de ses membres titulaires les plus dignes ;
lui qui avait su réunir toutes les sympathies, dont la
vie était si bien remplie pour la science et ses amis !
Lui si rapidement enlevé dans la fleur de l'âge et du talent ! ! (1)

Nouvelle perte ajoutée à tant d'autres, Lassis est
mort !

Le Dr Lassis, membre de l'Académie Royale de Médecine de Paris, ancien médecin en chef de divers hôpitaux, membre correspondant de votre Société, était
une des grandes activités scientifiques de notre époque.
Son nom restera dans la science, car il a fait beaucoup
pour elle ; ses veilles ont été fécondes en beaux travaux ; sa vie tout entière est pleine de sacrifices. Fai-

(1) Victor Reymonenq, chirurgien en chef de l'Hôtel-Dieu, mort du
choléra le 24 juillet 1835.

sant abnégation de soi-même, de sa santé, de sa fortune, il mettait tout son bonheur à rechercher la vérité
et à la propager quand il croyait l'avoir trouvée. En-
traîné par un seul mobile, l'amour du bien, il abhorrait
de faire de l'éclat et s'attachait à travailler en silence, à
réunir, à exposer les faits, espérant réussir à convaincre
les partisans de l'erreur par ces faits seuls, par leur
masse et leur ensemble. Il avait une activité dévorante;
ses devoirs de citoyen, il les comprenait si bien, qu'il
ne croyait jamais avoir assez fait, et c'est le besoin de
se rendre utile qui lui a fait venir trouver la mort à plus
de deux cents lieues de ses affections, dans un hôpital
et au sein d'une épidémie désastreuse.

Lassis naquit à Châtillon-sur-Loire, le 21 octobre 1772;
il fit ses études médicales à Paris, et s'y distingua de
bonne heure par une grande ardeur de travail et de fort
heureuses dispositions.

En 1793, il entra à l'hôpital militaire du Val-de-Grâce,
en qualité de Chirurgien de troisième classe. Son assi-
duité et son application constante dans les pansements
qu'il faisait aux malades, ne laissèrent pas que de le
faire remarquer entre tous les élèves avec lesquels il
étudiait. Au mois de mars 1794, il concourut pour la
place de prosecteur, et l'obtint. Deux mois après, il
entra en service à l'hôtel des Invalides, en qualité de
Chirurgien. C'est vers la même époque qu'il fut nommé
membre de la Société Médicale d'émulation de Paris,
et qu'il fut reçu Docteur à la Faculté.

Ses fonctions de Chirurgien à l'hôtel des Invalides
durèrent jusqu'au mois d'août 1805, époque à laquelle
il fut démissionnaire; pendant tout ce temps, il jouit
parmi ses confrères et dans le public d'une haute considération, méritée par ses connaissances étendues, ses
talents et ses bonnes mœurs. Nous lisons dans un cer-
tificat qui lui fut délivré par le Chirurgien en chef de la
garde impériale, le 21 vendémiaire an XIII de la répu-
blique :

« Les mémoires et observations que le docteur Lassis
a lus à la Société Médicale de Paris, dont il est un des
membres distingués, nous ont donné de lui une très-
juste idée sur l'expérience et l'intelligence qu'il possède
dans l'art de guérir..... Nous estimons que ce docteur
est digne et très-capable de remplir les premières places
de son état, et diriger surtout le service de santé d'un

hôpital, par l'habitude qu'il a contractée dans l'exercice de ses fonctions à l'hôtel des Invalides, sous les auspices du plus grand maître, *Sabatier*. »

L'habileté de main ne manquait pas au docteur Lassis, qui pratiqua, à diverses reprises, et souvent avec succès, les opérations les plus compliquées ; aussi, jusqu'ici (1805), parut-il suivre la carrière de la chirurgie.

Les premiers mémoires qu'il a composés, et dont les titres suivent, sont exclusivement consacrés à des sujets d'anatomie et de chirurgie :

1° Mémoire sur la meilleure méthode pour l'enseignement de l'anatomie ;

2° Mémoire sur la fracture du col du fémur ;

3° Mémoire sur un moyen de réduire facilement la luxation de la rotule ;

4° Mémoire sur la ligature de l'artère brachiale ouverte dans l'étendue d'un pouce environ, suivie de sa guérison au bout de quinze jours ;

5° Avantages des mouchetures dans le cas d'érysipèles, et de toutes autres inflammations extérieures, ainsi que dans le cas d'œdème, etc., etc.

Tous ces travaux sont le fruit de longues méditations, fécondées par un jugement droit et une érudition bien nourrie.

Chargé, en 1805, du service de l'hôpital et des prisons de Nemours, en qualité de Médecin en chef, Lassis se livra, avec un zèle vraiment infatigable, aux nouveaux sujets d'observation que lui fournissait une immense pratique. L'hygiène militaire devint insensiblement l'objet de toute sa sollicitude, et avec un soin tout particulier, il étudia les principales circonstances qui influent sur la santé de nos soldats, telles que la manière dont ils sont logés, les aliments, les secours qu'on leur fournit, la propreté qu'on en exige, et surtout le degré de liberté qu'on accorde aux malheureux prisonniers de guerre réunis dans des dépôts. Placé au milieu d'un grand nombre de militaires, conscrits ou prisonniers, il avait à lutter contre toutes les causes réunies de maladies, et plus d'une fois il sut, par des mesures sages et dictées par sa propre expérience, arrêter des épidémies meurtrières.

Cela seul serait déjà un beau titre à la reconnaissance publique, mais Lassis préludait à peine à ses triomphes !

A Bautzen, à Dresde, à Gernigswalde, en Saxe, il

lutta avec énergie contre des causes puissantes d'une grande mortalité, et parvint à en préserver nos soldats.

Josephstadt, en 1814, offrit encore un fait bien autrement remarquable, fait dont il y a peu d'exemples et que, par amour pour la vérité, il faut proclamer hautement comme l'ont fait MM. Villermé et le professeur Andral. Une épidémie se développa parmi plusieurs corps de troupes françaises, mais ce fut pour cesser aussitôt que le gouvernement autrichien eut chargé le docteur Lassis, prisonnier lui-même, de tout le service médical, et eut donné des ordres particuliers pour que tout ce qu'il prescrivait fût exécuté.

La conduite de Lassis, dans toutes les épidémies où il se trouva, mériterait d'être signalée alors seulement qu'on voudrait ne rappeler que cette couronne d'honneur et de considération que surent si bien lui mériter toujours son courage, son dévouement et son heureuse pratique. Mais il fit plus; les faits qui s'étaient passés devant ses yeux, il les avait notés en observateur habile, et, plus tard, il sut, en les coordonnant, faire jaillir du milieu d'eux une doctrine neuve qui agite aujourd'hui toutes les têtes, mais qui avait tant de convictions à déplacer, tant de préjugés à détruire.

Dès 1814, Lassis communiqua à plusieurs Sociétés Médicales de Paris les idées qui le forçaient à combattre la théorie de la contagion; mais ces idées rencontrèrent alors dans l'opinion générale même des médecins une opposition si vive, qu'il jugea convenable de revoir ses matériaux, de se livrer à de nouvelles investigations, de différer enfin la publication de son travail. Ce ne fut donc qu'en 1819 que parurent les *Recherches sur les véritables causes des épidémies, les moyens d'y remédier et de les prévenir.* Cet ouvrage, le plus satisfaisant que la science ait possédé à ce sujet, mérite de fixer toute notre attention sous le double point de vue de l'époque de son apparition et des recherches immenses qu'il renferme.

Toute question de priorité peut nous paraître oiseuse, alors qu'il ne s'agit que d'un procédé, ou d'une modification plus ou moins heureuse apportée à une méthode de traitement, et dans ces cas même, combien de fois ne voyons-nous pas cette priorité longuement et péniblement combattue. C'est que chaque homme est jaloux du bien qu'il a fait, et cherche dans la reconnaissance publique un dédommagement à ses veilles ou à ses sacrifices. Ici, l'affaire est bien autrement importante : des préjugés funestes étaient profondément enracinés dans les esprits; ces préjugés, après avoir apporté mille vexations et mille entraves, exerçaient encore la plus fâcheuse influence. Il y avait de la gloire à les attaquer, à les combattre. Or Lassis est le premier, en France, descendu dans l'arène; de nouveaux athlètes sont arrivés depuis, mais on peut dire que c'est lui qui les a provoqués, et trop souvent on a méconnu ses services; que si d'autres sont arrivés plus haut dans la solution des questions importantes qu'il a soulevées, ce n'est pas toujours qu'ils aient eu plus de mérite. Seulement, ils sont partis d'un point plus élevé.

Le premier donc, en France toujours, Lassis a protesté avec talent et avec énergie contre ces idées de contagion, suivant lesquelles il ne faudrait laisser aux communications aucune liberté. Le premier il a démontré combien était peu fondée cette foi robuste que l'on professait pour ces miasmes ou germes voyageurs qui *s'attachent aux personnes et aux choses ; qui peuvent rester longtemps cachés dans le sein de la laine, du cuir, du coton, mais qui peuvent être détruits.* Ces germes qui, toujours d'après les métaphores des hommes connus sous le nom de contagionnistes, peuvent être couvés, puis éclore après un certain temps d'incubation; leur existence n'est encore appuyée d'aucune preuve satisfaisante, même pour l'esprit le moins exigeant, et pourtant ils ont servi d'éléments à une doctrine devenue, par la sanction des gouvernements, légale pour l'Europe et le monde civilisé. Or, cette doctrine, qui prescrit sous les peines les plus sévères, même sous peine de mort, des mesures réputées salutaires, mais trop souvent inutiles, dérisoires et meurtrières, Lassis en a le premier ouvertement attaqué les principes; et détruisant ainsi de toutes les forces de son talent et de toute la puissance de sa conviction un fâcheux préjugé, il a servi son pays, il a servi le monde civilisé !!

En étudiant et compulsant l'histoire de toutes les épidémies qui se sont présentées depuis les premiers temps historiques jusqu'à nos jours, l'auteur examine avec soin tout ce qui s'est fait, tout ce qui a eu lieu sur le théâtre du mal avant et pendant chaque épidémie, et de cet examen il conclut que de toutes les épidémies connues il n'en est aucune à côté de laquelle on ne puisse mettre des causes suffisantes pour en rendre raison, sans avoir recours à une cause purement hypothétique, la *contagion*. Il va plus loin; non-seulement il repousse la théorie de la contagion comme peu fondée, mais il la regarde encore comme devant être rangée parmi les causes qui ont le plus puissamment contribué à entretenir, à aggraver les épidémies modernes.

Eh ! ici Lassis a-t-il exprimé autre chose qu'une grande vérité ? L'idée qu'une maladie est contagieuse donne à chacun la conscience intime d'un danger imminent, d'une mort presque certaine. Elle frappe tous les esprits d'épouvante, étouffe chez la plupart tout sentiment de patriotisme et d'humanité, et, par une conséquence naturelle, donne lieu à de si graves désordres qu'il est vrai de dire que sans elle *toute épidémie serait moins meurtrière*. C'est elle qui, dans ces temps de calamité publique, éloigne de la ville les hommes qui par leurs lumières, leur richesse et leur profession peuvent y être les plus nécessaires; c'est elle qui ferme les yeux des médecins sur les véritables causes productrices de la maladie ; c'est elle qui, le 2 juillet 1720, dicta au Parlement de Provence cet arrêt épouvantable portant peine de mort contre ceux qui conduisaient les denrées à Marseille, ou contre les Marseillais qui iraient en chercher hors du foyer de la maladie, mesure horrible dont le résultat fut d'ajouter la disette à tant de maux ! C'est elle qui, à la même époque, occasionna dans notre malheureuse ville un bouleversement si terrible que les viguiers et les quatre échevins restèrent seuls, avec onze cents francs dans la caisse municipale, au sein d'une société dont tous les éléments étaient confondus et à la tête d'une populace sans frein, sans travail et sans subsistances. C'est elle enfin qui par-dessus tout brise les liens du sang et de l'amitié, porte à son comble l'abattement et la stupeur, deux causes prédisposantes par excellence, qui arrachent des familles entières à leur habitation ordinaire, à leurs habitudes, à leurs affections, pour les livrer à des mains mercenaires ; et comment s'étonner après cela de voir des centaines d'hommes périr victimes, non pas de la maladie elle-même, mais de la frayeur, de l'abandon ou de la privation des choses les plus nécessaires à la vie.

En 1821, l'Académie des sciences prit connaissance des

travaux de Lassis; elle reconnut et déclara que les faits par lui énoncés justifiaient son opinion; mais elle lui témoigna aussi le désir de lui voir encore recueillir de nouveaux faits. C'était un noble encouragement que les suffrages bienveillants de cette grande illustration scientifique, et il n'en fallait pas davantage pour enflammer le zèle de Lassis, qui, bien épris de la vérité et bien convaincu de l'avoir trouvée, brûlait de l'ambition de la faire triompher.

L'épidémie de Barcelone éclate, et aussitôt Lassis sollicite du ministre d'être envoyé sur ce théâtre de mort pour porter aux malheureux des secours nécessaires, et puiser dans le désastre même de nouveaux faits qui rendent à la vérité un éclatant témoignage. La commission lui est refusée par le ministre, et cela sous prétexte d'économie. *Dérision !* l'argent ne manqua jamais pour les médecins voyageant pour le compte du gouvernement. La vérité est que nous étions dans un moment où le gouvernement même ne vous voyait pas de bon œil si vous n'étiez partisan de la contagion. La politique était exigeante; il fallait un rapport contagionniste pour prétexte à une loi qui autorisât la formation sur les Pyrénées d'un cordon de baïonnettes, destiné à arrêter, non la fièvre jaune, mais le mouvement révolutionnaire. Aussi Lassis, dont l'indépendance était connue, fut repoussé; d'autres partirent, et, pour un rapport victorieusement contesté plus tard, reçurent des récompenses éclatantes, il est vrai, mais promises d'avance.

Le refus d'une commission de la part du ministre, ne servit qu'à donner un nouvel éclat au courage et au dévouement de Lassis, qui, sans être dégoûté de l'ingratitude dont l'administration avait payé ses services antérieurs, sans penser aux dangers que pouvait lui offrir un voyage long et contraire à ses intérêts, ne prit alors conseil que de son zèle, et partit à ses frais, sans recommandation aucune, sans ressources autres que ses moyens. Il arrive; la consternation régnait encore, le mal était dans les lazarets, les hôpitaux, les maisons particulières, dans toutes les classes des habitants, sous toutes les formes et les variétés. Aussi jamais on ne fut plus à portée de l'observer. Supérieur à toute crainte et fort de sa conviction, Lassis n'épargne rien pour compléter la démonstration de ce qu'il regardait lui déjà comme un fait positif, *la non-contagion.* Il en appelle à tous les médecins, il provoque des conférences où chacun doit apporter les observations qui lui sont propres, et où tous les faits de quelque nature qu'ils soient sont profondément discutés. Là se trouvaient réunis le docteur Maclean, de Londres; le docteur Piguillem, professeur de Clinique à l'Ecole de Médecine de Barcelone, président de la Subdélégation de Médecine de la Catalogne, et chargé à ce titre de tout le service médical relatif à l'épidémie; le docteur Salva, doyen de la faculté de médecine de Barcelone, et plusieurs autres médecins des hôpitaux ou membres de la junte supérieure de santé, tous également recommandables par leur érudition et leur expérience. Qu'en est-il résulté, de la réunion libre et spontanée de tous ces hommes savants et consciencieux appelés à mettre leurs lumières en commun ? C'est que plusieurs qui avaient défendu pendant longtemps et avec beaucoup de zèle, l'opinion de la contagion et de l'importation de la fièvre jaune d'un autre hémisphère dans celui-ci, mieux éclairés par une saine observation, se rallièrent aux idées de Lassis. Celui-là même qui avait publié la critique de l'ouvrage de Lassis sur la non-contagion des typhus, ne craignant pas de donner à sa rétractation la plus grande publicité, s'écrie avec raison: *Jamais je n'ai hésité ni n'hésiterai à abandonner l'opinion d'hier pour adopter celle d'aujourd'hui, quand celle-ci sera appuyée sur des faits irrésistibles et convaincants. Lorsque l'expérience parle, l'imagination doit se taire; aucun raisonnement spécieux ne doit la séduire.*

J'ai sous les yeux la protestation imprimée à Barcelone en février 1822, intitulée *Manifeste* sur l'origine et la propagation de la maladie qui a régné à Barcelone en 1822, présenté aux cortès par une réunion libre de médecins nationaux et étrangers. Pour corollaire on y voit que la maladie qui a régné à Barcelone a été indigène, qu'elle a été épidémique, qu'elle n'a pas été contagieuse, que les mesures adoptées par le gouvernement ont été incertaines, inutiles et même très-préjudiciables. De plus, il est ajouté que si au lieu de rester dans une honteuse inaction, en se flattant de détruire la force d'une contagion invisible et imaginaire inconnue dans son essence et qu'il est impossible de démontrer, on avait employé avec constance et énergie tous les moyens propres à écarter les causes locales, on aurait pu espérer plus tôt la disparition définitive du fléau et voir également renaître le commerce, l'industrie, en un mot la prospérité de tous.

Cette protestation, dont les termes sont si clairs et si précis, nous est une preuve nouvelle de l'heureuse influence de Lassis, de son zèle à propager la vérité, et fait honneur aux savants habiles qui ont eu le courage d'abjurer l'erreur.

De retour en France, le docteur Lassis offrit à l'Académie des sciences et à celle de médecine le résultat de ses recherches et de ses travaux, en demandant d'en faire l'objet d'un rapport. Une commission fut immédiatement nommée à l'Académie de médecine, mais le rapport n'a jamais été lu, et c'est ce qui a fait le malheur de Lassis. A Dieu ne plaise que je veuille rappeler cette polémique qui trop longtemps a divisé des hommes faits pour s'estimer et dignes d'une gloire commune ! Toutefois, historien des travaux de Lassis, je ne puis m'empêcher de regretter amèrement que ce généreux citoyen ait trouvé tant d'indifférence chez ses collègues.

Pourquoi faut-il qu'il ait été oublié, méconnu tant de fois ! et qu'on lui ait refusé une grande part de la gloire à laquelle il peut prétendre ; je dois à la justice de dire que lorsque dans un article récent sur la contagion (1), on ne manque pas de parler des imposantes recherches d'un auteur plus moderne, des vérités incontestables qu'elles démontrent, il y a au moins de l'omission à ne pas dire un mot de Lassis ! Vous citez le Mémoire de M. Costa, relatif à l'épidémie qui ravagea Barcelone en 1821, et le beau rapport qui en fut fait à l'Institut en 1825 ; mais vous oubliez de dire ce que Dupuytren lui-même s'est empressé de faire remarquer au commencement de son travail. M. Costa n'a vu ni Barcelone ni la maladie qui a ravagé cette ville infortunée : tous les arguments ont été puisés dans la protestation dressée par Lassis ; or Lassis est le premier auteur du Mémoire, et vous l'oubliez ! vous exaltez le courage et le dévouement de ces médecins que le gouvernement a envoyés à grands frais à l'étranger pour étudier les maladies épidémiques, et vous oubliez Lassis ! Cherchez plutôt une récompense qui soit à sa hauteur ! Guidé seulement par le zèle pour la science et par un généreux dévouement

(1) Voyez l'article *Contagion*, du Dictionnaire de médecine et chirurgie-pratique, en 15 vol.

à l'humanité, il a consacré toute sa vie à des recherches très-importantes, et il en a fait libéralement hommage à son pays !

Ces éloges, ce n'est point l'amitié qui les donne. Écoutez les membres de la commission chargée de prononcer sur ses travaux : « Votre désintéressement (ils s'adressent à Lassis lui-même), commande l'estime et l'étonnement ; il faut être bien épris de la vérité, bien dévoué à son culte et persuadé de ses miracles, pour oser abandonner pour elle les voies de la fortune et les routes sûres du bonheur. . . . .

» N'eussiez-vous à citer que votre ouvrage de 1819 et votre Mémoire sur l'épidémie de Barcelone, ne dût-on vous tenir compte que de vos voyages, ainsi que de vos campagnes d'autrefois, vous mériteriez d'importantes récompenses.

» Mais personne ne sait mieux que nous, membres de la commission de l'Académie et possesseurs en cette qualité de vos divers Mémoires, combien vous avez à vous plaindre de l'oubli du gouvernement et de l'indifférence de vos confrères. Plusieurs, dans ces dernières années, ont reçu de nobles et éclatantes récompenses, qui auraient pu envier et vos titres réels, et vos travaux, et vos services (1). »

Lassis étendait à toutes les maladies épidémiques connues et désignées sous diverses dénominations l'exclusion qu'il avait donnée à la contagion ; ou mieux, afin d'être mieux compris, non-seulement il pensait que de toutes les maladies épidémiques il n'y en avait aucune de contagieuse, mais encore il regardait toutes ces maladies comme parfaitement identiques entre elles et avec nos affections briles ordinaires.

Déjà, dans son ouvrage de 1819, il avait consacré tout un chapitre à prouver que les maladies appelées typhus sont analogues à beaucoup d'autres maladies très-fréquentes, ou plutôt qu'elles sont absolument les mêmes. Là déjà il s'est cru en droit de prononcer que si entre les unes et les autres il y a de la différence, ce n'est que par certaines complications qui ne constituent point une différence essentielle, et qui ne supposent qu'un

____

(1) Lettre adressée à M. Lassis par le docteur Bourdon, rapporteur de la commission de l'Académie de Médecine chargée de l'examen des documents Lassis.

degré d'intensité plus considérable, dont les causes évidentes peuvent aisément rendre raison. Il s'appuie particulièrement sur le sentiment de *Pouqueville*, qui parle de fièvre ordinaire appelée putride, changée en peste, et de peste changée en fièvre ordinaire par suite du seul changement de l'état de l'atmosphère.

Assurément plus d'une objection est à faire à ces idées d'identité, et en masse nous n'en sommes point encore à regarder comme identiques le choléra et la fièvre bilieuse, la fièvre jaune et la peste; mais ce que Lassis a trop généralisé, d'autres ne veulent-ils pas le trop diviser et subdiviser? Ils sont nombreux ceux qui, dans l'état actuel de la science, penchent à voir une unité dans la fièvre bilieuse et la fièvre jaune, la peste et la fièvre adynamique. Eh ! pour le dire en passant, cette idée vieille déjà, que dans notre fièvre typhoïde se trouve souvent de toutes pièces le typhus d'Orient, sans qu'il y manque aucun de ses caractères fondamentaux, ne vient-elle pas d'être développée et appuyée sur des faits dans un travail spécial présenté récemment à l'Académie de médecine de Paris ?

Sur tout ce qui se rattache à la nature et aux caractères différentiels des maladies épidémiques, la science appelle à grands cris de nouvelles acquisitions; sans doute la vérité ne peut manquer de jaillir des matériaux déjà fournis et de la triste expérience que l'on acquiert sur bien des points; mais dans cet état de choses, nous devons sinon admettre, ne réfuter du moins qu'avec réserve le travail et la pensée d'un homme honorable et consciencieux comme le docteur Lassis.

La première fois que l'Académie décerna les prix fondés par Montyon, ce noble et généreux testateur dont le nom et les bienfaits ne périront jamais, Lassis fut couronné. Ce n'est rien encore ; il apprit plus tard par le secrétaire de l'Académie, le célèbre Fourrier, que n'ayant pu, dans sa séance du 20 juin 1825, le récompenser proportionnellement aux services rendus, ce corps savant lui avait accordé une nouvelle somme de 2,000 francs dans sa séance annuelle du 15 juin 1829.

L'intérêt que l'Académie prenait à ses travaux et à ses succès, les félicitations personnelles qu'il recevait de quelques hommes illustres, et l'estime dont on l'honorait, lui étaient mille fois plus précieux que toutes les palmes académiques ; aussi montrait-il avec orgueil les lettres flatteuses qu'il a maintes fois reçues de Cuvier. C'est qu'elles aussi sont en effet une récompense.

Les fatigues de l'étude et le poids de l'âge étaient impuissants pour attiédir l'âme ardente de Lassis. Toutes les fois qu'il y eut du dévouement à déployer, de beaux exemples à donner, il voulut être au premier rang. En juillet 1830, quand nos frères blessés demandaient au sein de Paris que leur sang fût étanché, il se souvint de ses premières études favorites et porta çà et là les secours de la chirurgie avec autant de désintéressement que d'habileté. Je tiens entre les mains plusieurs observations rédigées par lui à cette époque, et qui font honneur à la fois à son diagnostic et à son talent opératoire.

Plus tard, en 1832, quand le choléra sévit au milieu de la capitale, mettant de côté toute idée spéculative, il ne vit plus que des malades à soigner, et nuit et jour, avec un empressement sans exemple, pendant toute la durée du mal il se multiplia pour donner du soulagement, des consolations à quelques-uns, la santé à un très-grand nombre.

Le choléra abandonne Paris, mais il ne tarde pas à prendre résidence dans quelques départements; immédiatement Lassis se rend à ses frais sur ce nouveau théâtre de mort, accompagné de deux élèves; cette précaution, il l'avait prise pour donner plus d'authenticité aux beaux résultats que lui assurait l'application de ses principes, et le fait est que dans le département de Seine-et-Marne, les populations ne témoignaient pas autrement leur reconnaissance qu'en répétant : *Où vous êtes, monsieur Lassis, la mort ne peut pas prendre pied.* Les communes Saint-Ouen, Saint-Cyr en particulier, ne sachant comment reconnaître les services rendus, firent frapper, pour lui en faire hommage, une belle médaille en bronze, que nous avons tous vue, et sur laquelle il était représenté sous la forme d'Esculape tenant la Mort éloignée de lui.

De pareilles preuves d'estime et de gratitude ne sauraient être le prix de l'obsession ou de l'intrigue, et, plus rares que ces distinctions que laissent échapper les hommes du pouvoir, elles sont mieux faites pour réjouir l'homme de bien, car elles sont le prix du bienfait.

L'Académie des sciences, dans sa séance du 18 novembre 1833, décerna à Lassis une médaille en or de la valeur de 1,000 fr. La même année, au mois de mars, la commission chargée de la distribution des médailles votées par la ville de Paris, à l'occasion du choléra, ne l'avait pas oublié; c'était encore une récompense nationale; il n'en avait pas d'autres!

Lassis enfin pouvait et devait même se reposer; de la gloire, ses titres scientifiques lui en assuraient plus qu'il n'en avait jamais ambitionné; de la considération, des amis, il en était entouré; du bonheur domestique, mais il lui était donné de le savourer en paix auprès d'une épouse qu'il aimait de toute son âme, et qui ne vivait que pour lui. Inutile raison! considération impuissante! Le choléra frappait à Marseille; il quitte sa clientèle, ses amis, sa femme, pour venir au milieu de nous; il espérait être utile. A son arrivée, déjà le choléra avait ralenti ses ravages et paraissait ne plus vouloir nous envahir; que fait-il alors pour que son voyage n'ait pas été inutile? Il veut travailler encore; il se rend dans une de nos réunions scientifiques, y provoque une discussion, car il se complaît dans un échange de lumières, et ne recherche que la vérité : là, nous avons tous pu juger son zèle et son ardeur, et moi, plus heureux, permettez-moi de le dire, j'ai pu, dans des rapports plus intimes, apprécier toute la douceur de son caractère, la loyauté de ses manières, et la bonté inépuisable de son cœur.

Bientôt il quitte Marseille, et ce n'est pas sans y avoir laissé des amis, sans avoir ébranlé quelque conviction. Il se rend à Agde, où était le choléra; il y reste jusqu'à la cessation du fléau. Au moment où il partait enfin pour Paris, où l'attendaient toutes ses affections, il apprend que le choléra est à Toulon, et ne peut résister au besoin d'y venir. En outre qu'il a la conscience d'être utile, une ville en proie à une épidémie est pour lui un noble champ de bataille, et plus il y a de désastres, plus il rougirait de l'éviter. Une autre raison le poussa à Toulon : il était sur le point de publier un mémoire sur le choléra, et c'était la dernière page de son livre que son voyage à Toulon; son idée mère était que des mesures dites sanitaires, ou de précaution, étaient en définitive des mesures meurtrières. Dieu sait si les preuves manquaient à son assertion!

Quoi qu'il en soit, il arrive dans cette malheureuse ville au moment où la consternation est au comble; il commence aussitôt à visiter des malades; avec ses soixante-deux ans, il ne pense pas même qu'une heure de repos lui soit nécessaire, et nuit et jour, malgré une nourriture insuffisante, il ne met pas de trêve à ses courses, à ses fatigues.

Hélas! son courage était au-dessus de ses forces physiques. Le 10 juillet, il est impressionné par l'influence épidémique; malgré les conseils pressants de l'amitié, il veut persister dans son entreprise; le 15 il est alité, le 21 il expire.

J'ai fait l'histoire de Lassis avec plaisir; c'est un hommage que je devais à sa mémoire. Puissé-je avoir été assez heureux pour faire valoir dignement tous les titres que son zèle pour la science et son amour pour l'humanité lui assurent à la reconnaissance publique!

FIN.